PEDRAS PENSADAS

Adolfo Montejo Navas nasceu em Madrid, em 1954, mas mora no Brasil há dez anos. Publicou *Poemas* (Impressões do Brasil, 1996), *Inscripciones* (Coda, 1999), *Íntimo Infinito* (7Letras, 2001) e *Da Hipocondria* (Sulina, 2002).

PEDRAS PENSADAS

INSCRIÇÕES (1980-2002)

Adolfo Montejo Navas

Edição Bilíngüe

TRADUÇÃO
Sérgio Alcides

Ateliê Editorial

Título do original em espanhol
Inscripciones

Copyright © 2002 Adolfo Montejo Navas

Direitos reservados e protegidos pela Lei 9.610 de 19.02.1998.
É proibida a reprodução total ou parcial sem autorização,
por escrito, da editora e do autor.

ISBN: 85-7480-143-7

Direitos reservados à
ATELIÊ EDITORIAL
Rua Manuel Pereira Leite, 15
06709-280 – Granja Viana – Cotia – SP
Telefax: (11) 4612-9666
www.atelie.com.br
e-mail: atelie_editorial@uol.com.br
2002

Printed in Brazil
Foi feito depósito legal

*A
Ana,
Alberto,
e Diana.*

— *O que você está preparando?*
— *Duas frases curtas e longas meditações.*

JULES RENARD

Frases em uma palavra. Frases infinitas.

ELIAS CANETTI

Suficiente! ou: demais!

WILLIAM BLAKE

SUMÁRIO

Sobre as *Inscripciones*, de
ADOLFO MONTEJO NAVAS
13

INSCRIPCIONES
18-120

PEDRAS PENSADAS
19-121

Sobre as *Inscripciones*, de Adolfo Montejo Navas

Embora haja indicações de que tenham sido médicos os autores das primeiras coleções de aforismos, os mais famosos aforistas do nosso tempo são sem dúvida filósofos ou poetas. Alguns são filósofos e poetas, como Nietzsche e Coleridge; outros, filósofos quase poetas, como Heráclito e Cioran; outros ainda, poetas quase filósofos, como Hölderlin e Blake. Talvez o fato de que o aforista consegue ter um pé na filosofia e outro na poesia signifique que o aforismo se encontre exatamente na linha de fronteira entre esta e aquela. Tal suposição poderia levar a pensar que o aforismo fosse o ponto em que a filosofia já começasse a deixar de ser filosofia para passar a ser poesia e em que a poesia já começasse a deixar de ser poesia para passar a ser filosofia; e assim, que a filosofia aforística fosse menos filosófica e a poesia aforística menos poética do que, respectivamente, a filosofia e a poesia mais palavrosas.

Não pensam assim os mais profundos aforistas. A ambição de Nietzsche era "dizer em dez sentenças o que qualquer outro diz num livro – o que qualquer outro não diz num livro". Trata-se aqui, sem dúvida, de livros de filosofia. É evidente que, para o autor de *Götterdämmerung*, enquanto os livros convencionais apresentam o pensamento filosófico em diferentes graus de diluição, os aforismos que almejava e – como não reconhecê-lo? – alguns dos que chegou a escrever consistem no pensamento filosófico em estado de máxima condensação. Mas talvez a concisão não seja ainda a maior qualidade do aforismo. "Na montanha", diz o mesmo filósofo, "o caminho mais curto é de cume a cume; mas para tanto há que ter pernas compridas". O aforismo é, antes de mais nada, um ápice, um ponto alto do pensamento. O pensador não chega a tais pontos através de demonstrações ou argumentações. "Para que algo sea bueno", lê-se num aforismo que Adolfo Montejo recortou em Kierkegaard, "deberá ser siempre 'inmediato'". Normalmente, os pontos altos do pensamento resultam de intuições que se apresentam como imediatamente evidentes. A "fundamentação" do pensamento entra em jogo somente no processo subseqüente de sua exposição escrita e não passa, em sua maior parte, de um procedimento burocrático, dominado pelas convenções retóricas – e niveladoras – do discurso acadêmico. Uma vez assim "normatizadas", praticamente todas as "teses" se equivalem: todas são boas, cada qual na sua especialidade. O resultado é o aplainamento dos cumes a que se refere Nietzsche. Contra isso, cultivar o aforismo é, rejeitando toda palha – "miles de líneas para llegar a una imagen definitiva", diz Montejo –, esforçar-se por se manter à altura das suas mais altas, isto é, mais profundas, intuições filosóficas. Não é isso o que faz também Wittgenstein? E não é o oposto o que fazem suas miríades de comentadores? É por isso que também o poeta, livre de qualquer compromisso com a filosofia dos professores, geralmente expõe em aforismos as suas intuições propriamente filosóficas. Além disso, Montejo sugere um caminho especificamente poético para o aforismo. "Sueño con versos que no tienen forma, sólo venas", diz uma de suas *Inscripciones*. Mas em que consiste a forma de um verso? Considerado de certo modo, um verso como um todo é sempre uma forma, pois a própria linguagem é forma. Nesse sentido, um verso sem forma é uma impossibilidade. Todavia, desde quando não tocam poetas ou aforistas em utopias, em desejos irrealizáveis e mesmo no impossível? "La vida enseña lo imposible". Pelas veias dos versos sem formas passaria o fluido vital do pensamento pensante, puro "pensar sin palavras", pura ação, livre dos coágulos ou resíduos do pensamento pensado. O aforista reconhece a impossibilidade de tais versos e, por isso, diz *sonhá-los*. Sua expressão porém traz à tona uma das ambições constitutivas do aforismo: provocar *per impossibile* o pensamento para além de toda prisão conceitual, pois "la manía del concepto está acabando con las ideas. Las ideas con el pensamiento". O aforismo, *"como un antídoto"*, prioriza o movimento plasmador em relação à forma plasmada.

Mas a poesia é polissêmica e Montejo invoca Heráclito para dizer: "Ambigüidad, acércate". Todos os sentidos são bem-vindos. Pode-se por exemplo interpretar de outro modo a alusão a versos sem forma. De fato, normalmente, quando se fala da forma de um verso, não se leva em conta o ponto de vista acima exposto, segundo o qual o verso como um todo, sendo linguagem, é forma. Convencionalmente, entende-se por *forma de um verso* o seu esquema métrico ou rítmico. Nesse sentido, versos sem forma são simplesmente os versos que não se enquadram em nenhum esquema métrico, isto é, os versos livres. Entretanto, a divisão de um poema em versos, ainda que livres, indica que de algum modo o poeta não abriu mão totalmente da "carroça do ritmo", em que, segundo Nietzsche, ele transporta os pensamentos "que não conseguem andar a pé". Com efeito, a não ser em virtude do ritmo, qual seria o sentido de se escrever em versos? Bastaria escrever poemas em prosa. Pois bem, o ritmo de um verso livre é uma função da sua inserção na série de versos que compõem o poema. Dada essa série, dá-se a função rítmica, que é também a função formal do verso: dá-se, em suma, o seu ritmo: a sua forma. Isso significa que os únicos versos inteiramente sem forma são, nas palavras de Adolfo Montejo, "los versos solitarios, que no permiten ningún tipo de compañía". Assim são suas *Inscripciones*. Formalmente, tais versos em nada se distinguem de sentenças prosaicas. Não há dúvida porém de que constituem aforismos legítimos, pois são auto-suficientes e cumprem a exigência estipulada por Karl Kraus: verdadeiros ou não, sobrevoam a verdade e se projetam para além de si mesmos. Ademais, em muitos deles, "la noche oculta, bajo la piel del día canta". Entremeados de rasgos de humor, são belos, secos e misteriosos: "piedras pensadas".

Antonio Cicero

INSCRIPCIONES
PEDRAS PENSADAS

1. Piedras pensadas.

2. La realidad es un sentimiento.

3. Estamos enfermos de eternidad.

4. El eco de un espejo antiguo.

5. ¿Nombrar es vivir de algo, de alguien?

6. El hábito de beber del mismo vaso, la misma sed.

7. La lámpara encendida de la poesía.

8. La memoria es la vida de lo perdido.

9. Cada vida sentenciada por un relámpago.

1. Pedras pensadas.
2. A realidade é um sentimento.
3. Estamos doentes de eternidade.
4. O eco de um espelho antigo.
5. Nomear seria viver de algo, de alguém?
6. O hábito de beber do mesmo copo, a mesma sede.
7. A luminária acesa da poesia.
8. A memória é a vida do perdido.
9. Cada vida sentenciada por um relâmpago.

10. La noche es una radiografía del día.

11. La realidad es siempre una metáfora de otra realidad, como pintaba Magritte.

12. La muerte dijo: la misma edad que has tenido te espera.

13. El yo que nunca es, dónde está, quién es.

14. La poesía tiene dos sentidos: uno de rotación y otro de traslación.

15. La noche oculta, bajo la piel del día canta.

16. La vida enseña lo imposible.

17. En el último día, un verso recordará a la poesía.

18. El amor es un viaje del que nunca se regresa.

19. Soy el hereje de mí mismo.

20. Haber muerto y negarlo.

21. Cantar como si nada hubiese existido.

22. Un reloj camina al contrario en busca del pasado.

23. ¿Los ruidos son la voz de los muertos?

10. A noite é uma radiografia do dia.

11. A realidade é sempre uma metáfora de outra realidade, como pintava Magritte.

12. E disse a morte: a mesma idade que você já teve o espera.

13. O eu que nunca é – onde está, quem é?

14. A poesia tem dois sentidos: um de rotação e outro de translação.

15. A noite oculta, sob a pele do dia canta.

16. A vida ensina o impossível.

17. No último dia, um verso lembrará a poesia.

18. O amor é uma viagem da qual não se regressa nunca.

19. Sou o herege de mim mesmo

20. Ter morrido e o negar.

21. Cantar como se nada tivesse existido.

22. Um relógio anda ao contrário em busca do passado.

23. Serão os ruídos a voz dos mortos?

24. Como nuestros antepasados, descubrimos los mismos secretos en distintas cosas.

25. Se escribe lo que se esconde.

26. ¿La cabeza que dice no al día, sabe algo que yo no sé?

27. Los reflejos del sol en las ventanas, señales de un dios que parpadea.

28. Gracias a nosotros la vida y la muerte están juntas.

29. Más tarde o más temprano, vivir es lo más parecido a un milagro.

30. ¿Un cuerpo concede la redención a otro cuerpo?

31. El tiempo es un desconocido que me habla.

32. La memoria, ese lugar donde yo soy el mendigo de mí mismo.

33. El amor vive pendiente de un hilo. Y la soledad dice lo mismo.

34. Cruzar el río de un verso ajeno por la orilla que más nos pertenece.

35. ¿Amé soñándome?

24. Como nossos antepassados, descobrimos os mesmos segredos em coisas diferentes.

25. Escreve-se o que se esconde.

26. A cabeça que diz não ao dia sabe de alguma coisa que eu não sei?

27. Os reflexos do sol nas janelas, sinais de um deus que pisca os olhos.

28. Graças a nós a vida e a morte estão juntas.

29. Mais cedo ou mais tarde, viver é o que mais se parece com um milagre.

30. Um corpo concede a redenção a outro corpo?

31. O tempo é um desconhecido que fala comigo.

32. A memória, esse lugar onde sou o mendigo de mim mesmo.

33. O amor vive suspenso por um fio. E a solidão repete o mesmo.

34. Atravessar o rio de um verso alheio pela margem que mais nos pertencer.

35. Amei em sonho?

36. Un alma para cada cosa, como quería Pessoa.

37. Los sentimientos son objetivos, nosotros no.

38. ¿Cómo mantener el amor a la misma altura del corazón?

39. La belleza de encontrar restos de un paraíso.

40. ¿Si Dios hablara existiría la música?

41. De la A a la B, una puerta; de la A a la Z, un laberinto.

42. Antes de que sea tarde, velarse.

43. La memoria da hambre y la vida da sed.

44. A veces la poesía no sueña alcanzar ese estado más o menos ideal que es el poema.

45. Sueño con versos que no tienen forma, sólo venas.

46. "Esta palabra contiene un poema."
    RUBENS RODRIGUES TORRES FILHO

47. "Inscripciones de otros prisioneros."
    GIORGIO MANGANELLI

48. Busco tu rostro en lo invisible (*In memoriam*).

49. Para la poesía, la verdad es ciega.

36. Uma alma para cada coisa, como queria Pessoa.

37. Os sentimentos são objetivos, nós não.

38. Como manter o amor à altura do coração?

39. A beleza de encontrar restos de um paraíso.

40. Existiria música se Deus falasse?

41. De A a B, uma porta; de A a Z, um labirinto.

42. Antes que seja tarde, velar-se.

43. A memória dá fome e a vida dá sede.

44. Às vezes a poesia nem sonha em alcançar esse estado mais ou menos ideal que é o poema.

45. Sonho com versos que não têm forma, só veias.

46. "Esta palavra contém um poema."
    RUBENS RODRIGUES TORRES FILHO

47. "Inscrições de outros prisioneiros."
    GIORGIO MANGANELLI

48. Procuro seu rosto no invisível (*In memoriam*).

49. Para a poesia, a verdade é cega.

50. La poesía es un extrañamiento de la realidad; un entrañamiento de la realidad.

51. ¿Me das la mano para que sepa quien soy?

52. El cuerpo de Sísifo se ha convertido en el peso de la piedra.

53. Un lugar donde no hay espejos, donde cada rostro puede ser nuestro heterónimo,

54. Las mismas palabras cosidas, descosidas.

55. Luciérnagas, filamentos, neones, estrellas: lo que las luces sueñan,

56. Un paisaje hecho de miradas que no pertenecen a nadie.

57. Cioran: el veneno convertido en vacuna.

58. Ah, la poesía que no resiste a ningún título.

59. La fábula de la imagen y la idea.

60. No recuerda el primer aforismo, aquel que contenía casi todo, por eso continúa con otros, *ad infinitum, ad nauseam.*

61. ¿Y si las venas no respondiesen a la sangre?

62. La eternidad nos roza el corazón.

50. A poesia é um estranhamento da realidade; um entranhamento da realidade.

51. Me dá a mão para saber quem sou?

52. O corpo de Sísifo se converteu no peso da pedra.

53. Um lugar onde não há espelhos, onde cada rosto pode ser nosso heterônimo.

54. As mesmas palavras costuradas, descosturadas.

55. Vaga-lumes, filamentos, néons, estrelas: o que as luzes sonham.

56. Uma paisagem feita de olhares que não são de ninguém.

57. Cioran convertido em vacina.

58. Ah, a poesia que não resiste a nenhum título.

59. A fábula da imagem e da idéia.

60. Não se lembra do primeiro aforismo, que continha quase tudo, por isso continua fazendo outros, *ad infinitum, ad nauseam.*

61. E se as veias não respondessem ao sangue?

62. A eternidade nos roça o coração.

63. Un recuerdo hecho sobre otro recuerdo.

64. Una vida entera hecha a base de miradas.

65. Nombraba para eliminar: conseguía "matar" en cada dedicatoria.

66. La Lisboa que solo existe en su nombre.

67. Ser uno mismo hasta donde se deja de ser el otro.
    Heteronimia

68. ¿Lo dicho vence a lo no dicho?

69. Todavía es siempre una eternidad.

70. El suicidio de los días.

71. Cada aniversario descubre la misma sorpresa: no hay nadie para sustituirle.

72. Sueña con realizar una inmensa fe de erratas, de utilidad pública.

73. Varias palabras reunidas bajo un mismo silencio.

74. Teme que demasiado conocimiento acabe en manierismo; por eso, de vez en cuando se abandona, trabaja el olvido.

75. ¡Tiene el espíritu en la barriga, y a veces devuelve!

63. Uma recordação feita sobre outra recordação.

64. Toda uma vida a base de olhares.

65. Nomeava para eliminar: conseguia "arrasar" a cada dedicatória.

66. A Lisboa que só existe nesse nome.

67. Ser um mesmo até onde se deixa de ser o outro.
    HETERONÍMIA

68. O dito vence o não dito?

69. Ainda é sempre uma eternidade.

70. O suicídio dos dias.

71. A cada aniversário descobre a mesma surpresa: não há ninguém para substituí-lo.

72. Sonha em realizar uma imensa errata, de utilidade pública.

73. Várias palavras reunidas sob o mesmo silêncio.

74. Teme que conhecimento demais acabe em maneirismo; por isso, de vez em quando se abandona, trabalha o esquecimento.

75. Tem o espírito na barriga – e às vezes vomita!

76. Los párpados del tiempo.

77. Coleccionaba toda clase de calendarios.

78. Ha hecho del corazón un mapa, para aprender de las distancias.

79. La primera obligación del día: resucitar.

80. El *élan* vital del jazz, es que consigue ser nocturno y diurno a la vez.

81. De noche ha cogido la costumbre de dejar las gafas encima de un diccionario.

82. Leo en René Char: "explayarse conduciría a la obsesión".

83. El tío vivo de la memoria: los recuerdos dando vueltas.

84. Viajaba para despedirse, para aprender a despedirse.

85. Saltaba por encima de los miedos, sin atravesarlos.

86. El amor como una mancha, una superficie, una cubierta, un horizonte.

87. Minutos enterrados (soñando acaso que darán frutos).

76. As pálpebras do tempo.

77. Colecionava todo tipo de calendários.

78. Fez do coração um mapa, para aprender sobre as distâncias.

79. A primeira obrigação do dia: ressuscitar.

80. O *élan* vital do jazz é que consegue ser noturno e diurno ao mesmo tempo.

81. De noite adquiriu o costume de deixar os óculos sobre um dicionário.

82. Leio em René Char: "espraiar-se levaria à obsessão".

83. O carrossel da memória: as recordações dando voltas.

84. Viajava para se despedir, para aprender a se despedir.

85. Saltava por cima dos medos, sem atravessá-los.

86. O amor como uma mancha, uma superfície, um convés, um horizonte.

87. Minutos enterrados (talvez sonhando que um dia darão frutos).

88. ¡Y tener una verdad para esto, y nada para lo mismo!

89. Cada mañana alguien despierta por mí y después se aleja.

90. El desmesurado peso de las alas, cuando uno se ha convertido en el propio ángel de la guarda.

91. De noche, las cosas se apagan para entrar dentro de sí.

92. La otra herencia de Hamlet: el intervalo entre el ser y no ser, ese hiato, ese blanco.

93. Ha vuelto a poner la fe en entredicho, para ver si ella sabe valerse por sí misma.

94. Duerme con una verdad a menos, pero despierta con una incógnita a más.

95. Los aforismos de Lichtenberg como regalo de cumpleaños.

96. Domina las palabras, pero aún siente vértigo con las sílabas.

97. Cree más en los sobres que en las letras, en la caligrafía más que en los mensajes.

98. El primer día de la eternidad.

88. E ter uma verdade para isto, e nada para a mesma coisa!

89. Toda manhã alguém acorda por mim e depois se afasta.

90. O desmedido peso das asas, quando a gente se torna o próprio anjo da guarda.

91. À noite as coisas se apagam para entrar dentro de si.

92. A outra herança de Hamlet: o intervalo entre o ser e o não ser, esse hiato, esse branco.

93. Tornou a pôr a fé sob suspeita, para ver se ela se banca.

94. Dorme com uma verdade a menos, mas acorda com uma incógnita a mais.

95. Os aforismos de Lichtenberg como presente de aniversário.

96. Domina as palavras, mas ainda tem vertigem das sílabas.

97. Acredita mais nos envelopes do que nos escritos, mais na caligrafia do que nas mensagens.

98. O primeiro dia da eternidade.

99. Un paisaje que siempre está empezando.

100. ¿Has dado la vuelta al amor para salvarte?

101. Paradoja de la música: ella es abstracta pero todo lo que se asocia a ella es concreto.

102. Toda la esperanza puesta en la lluvia, como algunos perros.

103. ¿Y la resaca de la realidad, dura eternamente?

104. No es suficiente que apenas haya luz en el texto, quiere que las letras apaguen los ojos.

105. ¿Y el amor como consecuencia?

106. El aforismo, como un antídoto.

107. El tiempo es tiempo al principio, después se hace distancia, espacio.

108. Un espejo siempre espera.

109. La ideología le servía hasta para sentarse.

110. Calla pero no otorga.

111. Un silencio imperfecto, que parpadea ruidos.

112. Vuelves a la lluvia como a una promesa.

99. Uma paisagem que está sempre começando.

100. Você conseguiu dar a volta no amor para se salvar?

101. Paradoxo da música: é abstrata, mas tudo o que se associa a ela é concreto.

102. Toda a esperança na chuva, como alguns cachorros.

103. E a ressaca da realidade, dura eternamente?

104. Não basta apenas haver luz no texto; quer que as letras apaguem os olhos.

105. E o amor como conseqüência?

106. O aforismo, como um antídoto.

107. O tempo é tempo no princípio, depois se torna espaço, distância.

108. Um espelho sempre espera.

109. A ideologia lhe servia até para se sentar.

110. Cala, mas não consente.

111. Um silêncio imperfeito, que pestaneja ruídos.

112. Você retorna à chuva como a uma promessa.

113. La oscura tentación de dejar pasar el año en blanco.

114. Las extremidades como orillas, márgenes, arribadas...

115. Sobrevivir a uno mismo...

116. Sólo vive dando las gracias.

117. Ah, la melancolía de lo que no existe, de lo que nunca aparece.

118. Quiere escribir para nadie, pero todavía no lo consigue.

119. El oficio de pesar palabras como nunca, siempre, todo, nada, amor, odio, hasta que la balanza indique el mismo peso para todas.

120. Un aforismo es una enmienda a la totalidad.

121. Para pensar se necesita un mínimo de intemperie.

122. Sólo se doblega a las sutilezas.

123. Duerme como si formase parte de una oración.

124. El cuerpo y el alma, vasos comunicantes.

125. Las sensaciones como imágenes.

113. A obscura tentação de deixar passar o ano em branco.

114. As extremidades como orlas, margens, barras.

115. Sobreviver a si próprio...

116. Só vive muito obrigado.

117. Ah, a melancolia do que não existe, do que nunca aparece.

118. Quer escrever para ninguém, mas até agora não conseguiu.

119. O ofício de pesar palavras como nunca, sempre, tudo, nada, amor, ódio, até que a balança marque o mesmo peso para todas.

120. Um aforismo é uma emenda à totalidade.

121. Para pensar é necessário um mínimo de intempérie.

122. Só se rende às sutilezas.

123. Dorme como se fosse parte de uma oração.

124. O corpo e a alma, vasos comunicantes.

125. As sensações como imagens.

126. Los versos solitarios, los que no permiten ningún tipo de compañía.

127. Un aforismo nunca pliega sus alas.

128. Un aforismo es un pozo. Las palabras con que está hecho sólo son el cubo que lanzamos al vacío.

129. Miles de líneas para llegar a una imagen definitiva.

130. "Lo que sé lo soporto con lo que no sé."
     Ecuación poética de Antonio Porchia

131. Aprovecha los insomnios para nacer.

132. La mitología de los no acontecimientos.

133. La ternura que le falta la busca en sus propias manos.

134. El viento siempre trae recuerdos.

135. De noche, aprovecha para hacer ejercicios, para recordar la época en que era sonámbulo.

136. Está perdido: no tiene nada con qué escribir.

137. El amor hace años que pasó, pero su olor todavía permanece.

126. Os versos solitários, que não permitem nenhum tipo de companhia.

127. O aforismo nunca recolhe suas asas.

128. Um aforismo é um poço. As palavras de que é feito são só o balde que lançamos no vazio.

129. Milhares de linhas para se chegar a uma imagem definitiva.

130. "Suporto o que sei com base no que não sei."
     EQUAÇÃO POÉTICA DE ANTONIO PORCHIA

131. Aproveita a insônia para nascer.

132. A mitologia dos não-acontecimentos.

133. A ternura que lhe falta, busca em suas próprias mãos.

134. O vento sempre traz recordações.

135. De noite, aproveita para fazer exercícios, para lembrar do tempo em que era sonâmbulo.

136. Está perdido: não tem nada com que escrever.

137. Faz anos que o amor passou, mas o cheiro ainda permanece.

138. La moral de la danza: cada movimiento entraña una visión del mundo.

139. Heraclitiana: nadie vive dos veces la misma cosa con el mismo nombre.

140. Espera que la caligrafía lo salve.

141. Llega un momento en que la soledad es um personaje.

142. La falta de Ramón, incluso al propio Gómez de la Serna.

143. Un reloj de arena en posición horizontal, con el tiempo detenido en los dos lados, ¿recuerda a la eternidad o a la memoria?

144. *¿Un aforismo que da vueltas es un aerolito?*
     Definición para Carlos Edmundo de Ory

145. De vez en cuando hace una *quermesse* de los sentimientos apagados.

146. Un sueño: ser un restaurador de palabras.

147. Los sueños también mienten.

148. Hay una vida que es creación y otra que es conservación. Y no se puede vivir sin ninguna de ellas.

138. A moral da dança: cada movimento encerra uma visão de mundo.

139. Heraclitiana: ninguém vive duas vezes a mesma coisa com o mesmo nome.

140. Espera que a caligrafia o salve.

141. Chega um momento em que a solidão é um personagem.

142. A falta de Ramón, inclusive para o próprio Gómez de la Serna.

143. Um relógio de areia na horizontal, com o tempo parado dos dois lados, lembra a eternidade ou a memória?

144. Um aforismo que dá voltas é um aerólito?
DEFINIÇÃO PARA CARLOS EDMUNDO DE ORY

145. De vez em quando faz uma quermesse dos sentimentos apagados.

146. Um sonho: ser um restaurador de palavras.

147. Os sonhos também mentem.

148. Há uma vida que é criação e outra que é conservação. E não se pode viver sem nenhuma delas.

149. Vivir entre paréntesis.

150. Sueña con pagar sus propias deudas, lo que aún se debe a sí mismo.

151. Tiene una persona que piensa en el suicidio por él.

152. "Un pensamiento llena la inmensidad." William Blake

153. La locura nunca paga lo que promete.

154. Quiere llegar al final contando las palabras que faltan.

155. Hay un momento en que el amor y el orgullo se confunden, se aplastan.

156. De vez en cuando le gusta recordar que no es nadie.

157. Tiene opiniones para todo lo que no hace falta.

158. "Inutensilios." Manoel de Barros

159. La sensación a veces de que una palabra vive de otra.

160. Ya conseguimos leer las noticias como si fuesen publicidad.

149. Viver entre parênteses.

150. Sonha em pagar suas dívidas, coisa que ainda deve a si próprio.

151. Tem uma pessoa que pensa em suicídio para ele.

152. "Um pensamento enche a imensidão."
     WILLIAM BLAKE

153. A loucura nunca cumpre o que promete.

154. Quer chegar ao fim contando as palavras que faltam.

155. Há um momento em que o amor e o orgulho se confundem, se chocam.

156. De vez em quando, gosta de lembrar que não é ninguém.

157. Tem opiniões para tudo o que não faz falta.

158. "Inutensílios." MANOEL DE BARROS

159. A sensação, às vezes, de que uma palavra vive de outra.

160. Já conseguimos ler as notícias como se fossem publicidade.

161. Condenado a lo peor: a repetir todos los instantes, de nuevo lo mismo.

162. Los mejores homenajes son los póstumos. En los otros, siempre se muere más de la cuenta.

163. Deberíamos responder por los cielos contemplados.

164. Lo contrario de las máximas deben ser la mínimas.

165. ¡Quiere que la tinta hable más alto!

166. Escribir como un ave, a vuela pluma.

167. Ejercicio: buscar algo que no tenga nada de historia, que esté sin contaminar.

168. Léxico de Cristóbal Serra: mendaz, ahíto, tontilocas, lides...

169. ¿Y si toda una vida dependiese de la suerte de una línea?

170. Historia: ahora anda muy despacio, porque cree que en su corazón anida una mina.

171. Ha hecho de la costumbre un infinito.

172. La impresión cada vez más fuerte, de que la tristeza y la alegría pertenecen a las mismas raíces del mismo árbol.

161. Condenado ao pior: repetir todos os instantes, o mesmo tudo de novo.

162. As melhores homenagens são as póstumas. Nas outras, sempre se morre de mais da conta.

163. Deveríamos responder pelos céus contemplados.

164. O contrário das máximas devem ser as mínimas.

165. Quer que a tinta fale mais alto!

166. Escrever como uma ave, com a pena alada.

167. Exercício: buscar algo que não tenha nada de história, que não esteja contaminado.

168. Léxico de Cristóbal Serra: mendace, cevado, doidivanas, lides...

169. E se toda uma vida dependesse da sorte de uma linha?

170. História: agora anda bem devagar, porque acredita abrigar em seu coração uma mina.

171. Fez do costume um infinito.

172. A impressão cada vez mais forte de que a tristeza e a alegria pertencem às mesmas raízes da mesma árvore.

173. Vive infinitos prorrogables.

174. Cambiar ideas viejas por flores.

175. Él despierta, pero el sueño continúa.

176. Un aforismo es un imán de otros aforismos.

177. Versos que no dejan de vibrar: "dejemos hablar al viento." Ezra Pound

178. Una muerte: ya no quedan más palabras.

179. Tiene en sus manos la libertad, pero ¿qué hacer con el resto del cuerpo?

180. La primera obligación de la obra del arte es el misterio.

181. Una soledad que sea sociable. Y una sociabilidad que sea íntima.

182. Dedicó toda una vida a recuperar la inocencia que daba por perdida.

183. Siente cada mirada como si fuese propia.

184. Lo peligroso de la belleza perfecta es que parece que está a punto de estallar.

173. Vive infinitos prorrogáveis.

174. Trocar idéias velhas por flores.

175. Ele acorda, mas o sonho continua.

176. Um aforismo é um ímã de outros aforismos.

177. Versos que não param de vibrar: "deixemos que o vento fale." EZRA POUND

178. Uma morte: já não restam palavras.

179. Tem em suas mãos a liberdade, mas o que fazer com o resto do corpo?

180. A primeira obrigação da obra de arte é o mistério.

181. Uma solidão que seja sociável. E uma sociabilidade que seja íntima.

182. Dedicou toda uma vida a recuperar a inocência que considerava perdida.

183. Sente cada olhar como se fosse próprio.

184. O perigoso da beleza perfeita é que parece estar a ponto de explodir.

185. Por temor al desgaste diario, hay un cierto tipo de palabras que guarda y no usa y si por acaso las oye se comporta como si no las conociera.

186. "Estamos buscando siempre lo incondicional y sólo encontramos cosas." Novalis

187. Para llegar a la palabra *saudade*, se tiene que haber pasado por varios lugares antes: la nostalgia, la melancolía y la añoranza, en ese orden.

188. Su risa casi volcánica parecía una llamada a la revolución.

189. "Nuevas vistas a través de viejos agujeros."
G. L. Lichtenberg

190. "El amor exige fuerza plástica."
Hugo von Hofmannsthal

191. "Para que algo sea bueno, deberá ser siempre "inmediato", pues la "inmediatez" es la más divina de todas las categorías y merece ser respetada, como se decía en el lenguaje de los romanos, *ex templo*, pues el punto de partida de lo divino en la vida; lo que no tiene lugar de inmediato, viene del maligno." S. Kierkegaard

192. Subraya para olvidar.

193. 18,40 p.m.: comienza la melancolía de las dos luces.

185. Temendo o desgaste diário, há um certo tipo de palavras que guarda e não usa, e se por acaso as ouve, finge que não as conhece.

186. "Estamos buscando sempre o incondicional e só encontramos coisas." NOVALIS

187. Para chegar à palavra *saudade*, é preciso ter passado antes por vários lugares: a nostalgia, a melancolia e o anseio, nesta ordem.

188. Sua risada quase vulcânica parecia uma chamada à revolução.

189. "Novas visões através de velhos buracos."
G. L. LICHTENBERG

190. "O amor requer força plástica."
HUGO VON HOFMANNSTHAL

191. "Para que algo seja bom, deverá ser sempre 'imediato', porque a 'imediatez' é a mais divina de todas as categorias e merece ser respeitada, como se dizia no idioma dos romanos, *ex templo*, porque é o ponto de partida de tudo o que é divino na vida; o que não se dá de imediato provém do maligno." S. KIERKEGAARD

192. Sublinha para esquecer.

193. 18h40: começa a melancolia das duas luzes.

194. La palabra como un blanco.

195. Ahora la memoria le hace malas pasadas: empieza a recordar todas las cosas que no sucedieron.

196. Quiem ama vive dos veces.

197. Personas que son poemas.

198. Hay que comer las cosas en su tinta.

199. Días cóncavos y días convexos.

200. ¡Ojo, luna rota!

201. ¡Hasta desnudo uno parece un baúl!

202. Los viajes en que se acaba llegando por partes: primero el cuerpo, después la sombra...

203. A cualquier verdad le falta una pizca de mentira.

204. Un reloj que sólo cuenta los segundos es lo más próximo a la naturaleza del tiempo.

194. A palavra como um alvo.

195. Agora sua memória dá passos em falso: começa a recordar todas as coisas que não aconteceram.

196. Quem ama vive duas vezes.

197. Pessoas que são poemas.

198. É preciso comer as coisas *en su tinta*★.

199. Dias côncavos e dias convexos.

200. Atenção, lua quebrada!★★

201. Até sem roupa parecemos um baú!

202. As viagens em que acabamos chegando por partes: primeiro o corpo, depois a sombra...

203. A toda verdade falta uma pitada de mentira.

204. Um relógio que só conta os segundos é o que há de mais próximo da natureza do tempo.

★ *En su tinta*: literalmente, "em sua própria tinta"; um prato típico espanhol é o *calamares en su tinta*, de lulas preparadas com o líquido escuro que elas próprias expelem (N. do T.).
★★ A tradução literal seria "Atenção, vitrine quebrada"; mas nos termos "ojo" e "luna" também sobressaem suas acepções mais óbvias, criando uma leitura polissêmica, uma arte combinatória: "Olho, lua quebrada"; "Olho, vitrine quebrada" e "Atenção, lua quebrada" (N. do T.).

205. El mundo podría pararse cada vez que se prende el cabello.

206. Medir a las personas por la sonrisa, por lo que tarda en desaparecer en el rostro.

207. El alma ya se cambió, pero el cuerpo sigue en el mismo sitio.

208. Los sueños que hay tendidos en la ropa que se está secando.

209. No se pueden dejar los sueños prendidos en un clavo.

210. La vida se incompleta a sí misma.

211. "Un plan de cinco años ha de ser combinado con uno de cinco minutos." H. W. Werkman

212. "Dos trozos de pan expresando el sentimiento del amor." Oleo de Dalí de 1940

213. El abono de lo no escrito.

214. La lluvia, ese animal de agua.

215. La casa estaba llena de relojes para ganar tiempo.

216. La vida como collage.

217. Cada día como el primer día del mundo.

205. O mundo podia parar toda vez que ela prende o cabelo.

206. Medir as pessoas pelo sorriso, pelo que demora a desaparecer do rosto.

207. A alma já se mudou, mas o corpo continua no mesmo lugar.

208. Os sonhos estendidos na roupa que está secando.

209. Não se pode deixar os sonhos pendurados num prego.

210. A vida se incompleta a si mesma.

211. "Um plano de cinco anos deve ser combinado com outro de cinco minutos." H. W. WERKMAN

212. "Dois pedaços de pão exprimindo o sentimento do amor." ÓLEO DE DALÍ, DE 1940

213. O adubo do não-escrito.

214. A chuva, esse animal de água.

215. A casa estava cheia de relógios para ganhar tempo.

216. A vida como colagem.

217. Cada dia como o primeiro dia do mundo.

218. Inventar un suicidio que permitiera volver.

219. Decidió el suicidio hace años, pero no encuentra la forma.

220. Para cambiar de cuerpo nada mejor que cambiar de alma.

221. "Las palabras crean espacios agujereados, cráteres, vacíos. Eso es el poema." José Ángel Valente

222. ¿Y si muriésemos primero y después naciésemos?

223. Un cementerio de palabras oxidadas.

224. La morada de la última mirada.

225. Toda la esperanza depositada en otra palabra.

226. Hacer coincidir las hendiduras con las cicatrices, las arrugas con las ranuras.

227. En un tablero de damas, las vocales contra las consonantes.

228. Nada tan enigmático como la sonrisa de los idiotas.

229. Vive en cualquier país con tal de que no sea el propio.

218. Inventar um suicídio que permita retornar.

219. Decidiu-se há anos pelo suicídio, mas não encontra o modo.

220. Para mudar de corpo, nada melhor do que mudar de alma.

221. "As palavras criam espaços esburacados, crateras, vazios. Isso é o poema." José Ángel Valente

222. E se morrêssemos primeiro e depois nascêssemos?

223. Um cemitério de palavras oxidadas.

224. O lar do último olhar.

225. Toda a esperança depositada em outra palavra.

226. Fazer coincidirem as fendas com as cicatrizes, as rugas com as ranhuras.

227. Num tabuleiro de damas, as vogais contra as consoantes.

228. Nada tão enigmático quanto o sorriso dos idiotas.

229. Vive em qualquer país, contanto que não seja o próprio.

230. Habría que cambiar nombres y lugares cada cierto tiempo.

231. ¡Cómo nuestro nombre a veces nos extraña, nos interroga!

232. De vez en cuando se exilia de sí mismo.

233. Toda fidelidad quiere tener algo de eterno.

234. El amor como un móvil de Calder, con todas las consecuencias.

235. El aforismo como una flecha que hace curvas.

236. El aforismo como un *boomerang* literario.

237. *Dada or not Dada*, ésa es tal vez la otra cuestión.

238. Un problema metafísico: no saber encajar el tiempo dentro del espacio.

239. Las camisas más antiguas sudan solas.

240. La muerte es una puerta falsa.

241. Un país que simpatiza con sus miserables cuando venden banderas.

242. Vive aún teniendo la sensación de que es otro.

230. Seria preciso trocar de nomes e lugares de vez em quando.

231. Como nosso nome às vezes nos estranha, nos interroga!

232. De vez em quando se exila de si mesmo.

233. Toda fidelidade quer ter algo de eterno.

234. O amor como um móbile de Calder, com todas as conseqüências.

235. O aforismo como uma flecha que faz curvas.

236. O aforismo como um bumerangue literário.

237. *Dada or not Dada*, eis talvez a outra questão.

238. Um problema metafísico: não saber encaixar o tempo dentro do espaço.

239. As camisas mais antigas suam sozinhas.

240. A morte é uma porta falsa.

241. Um país que simpatiza com seus miseráveis quando vendem bandeiras.

242. Vive, embora tenha a sensação de ser outro.

243. Primero sueña y después duerme.

244. Las piedras siempre están mirando.

245. En la tarjeta de visita sólo el nombre y un misterioso asterisco, sin explicación alguna.

246. "A veces se necesita brutalidad para dar a conocer la propia delicadeza." S. J. Lec.

247. La fiebre de las frutas que maduran en el mercado.

248. La conversación es una danza.

249. Paga a la realidad con sueños.

250. ¿Cuando se pierde tiempo se gana espacio?

251. El tiempo remata a todos los que no resucitan.

252. Los sueños cambian dependiendo de la posición en la cama.

253. El humor que le falta lo quiere comprar.

254. Una cura de palabras: durante días, responder a todo con muecas, sólo gestos.

255. ¿Y si la felicidad fuese el crimen perfecto?

256. Vive a fuego lento.

243. Primeiro sonha e depois dorme.

244. As pedras estão sempre olhando.

245. No cartão de visita só o nome e um misterioso asterisco, sem qualquer explicação.

246. "Às vezes é preciso de brutalidade para dar a conhecer a própria delicadeza." S. J. Lec.

247. A febre das frutas que amadurecem no mercado.

248. A conversação é uma dança.

249. Paga a realidade com sonhos.

250. Quando perdemos tempo ganhamos espaço?

251. O tempo remata todos os que não ressuscitam.

252. Os sonhos mudam dependendo da posição na cama.

253. O humor que lhe falta, quer comprar.

254. Uma cura de palavras: durante dias, responder tudo com caretas, só gestos.

255. E se a felicidade fosse o crime perfeito?

256. Vive em fogo brando.

257. ¡Comenzar frases con signos de admiración y acabar con signos de interrogación?

258. Hay gente que pide descuento por vivir.

259. Objetos para medir: una brújula con las horas y un reloj con los puntos cardinales.

260. La sombra de un aforismo.

261. Un pensamiento hecho trizas.

262. Cada cinco o diez años cambiar de religión para no aprisionar el alma.

263. La felicidad a veces es tanta que las personas no tienen otro remedio que huir.

264. Un termómetro que mida la temperatura variable de las palabras.

265. La alabanza del sol.

266. Resistir a algunas cosas sirve para recomponer la identidad.

267. El arte por encima de la vida y la vida por encima del arte, dos tentaciones peligrosas.

268. "¿Es la separación de cosas y palabras nuestra ilusión?" ELIAS CANETTI

257. Começar frases com pontos de exclamação!
e terminar com pontos de interrogação?

258. Tem gente que pede desconto para viver.

259. Objetos para medir: uma bússula com as horas e um relógio com os pontos cardeais.

260. A sombra de um aforismo.

261. Um pensamento feito em migalhas.

262. A cada cinco ou dez anos, trocar de religião para não aprisionar a alma.

263. A felicidade às vezes é tanta que as pessoas não têm outro remédio senão fugir.

264. Um termômetro que meça a temperatura variável das palavras.

265. O elogio do sol.

266. Resistir a algumas coisas serve para recompor a identidade.

267. A arte por cima da vida e a vida por cima da arte, duas tentações perigosas.

268. "A separação entre as coisas e as palavras seria a nossa ilusão?" Elias Canetti

269. La vida está llena de supersticiones vitales.

270. ¡Ha conseguido suprimir los minutos de su vida!

271. ¡Cuántas veces el arte es sólo el cambio de la ingenuidad de sus formas!

272. ¿Y las palabras que nunca corren paralelas a la realidad?

273. Llegar a la noche como se llega a un puerto.

274. Sólo sabe pensar sentado.

275. La carnicería de las noticias me está haciendo vegetariano.

276. De noche leo en lo oscuro lo que no consigo leer en lo claro.

277. Ciertas personas huelen a tontería.

278. La vanidad nunca mata lo suficiente.

279. Sueño con un aforismo de una sola palabra.

280. Sólo entendemos *completamente* la vida en los otros.

281. La eternidad perdida en el tiempo.

269. A vida está cheia de superstições vitais.

270. Conseguiu suprimir de sua vida os minutos!

271. Quantas vezes a arte não é apenas uma transformação da ingenuidade de suas formas!

272. E as palavras que nunca correm paralelas à realidade?

273. Chegar à noite como quem chega a um porto.

274. Só sabe pensar sentado.

275. A carnificina das notícias está me transformando num vegetariano.

276. De noite, leio no escuro o que não consigo ler na claridade.

277. Certas pessoas cheiram a tolice.

278. A vaidade nunca mata o bastante.

279. Sonho com um aforismo de uma palavra só.

280. Só entendemos completamente a vida nos outros.

281. A eternidade perdida no tempo.

282. "La verdad es siempre un contacto interior e inexplicable." CLARICE LISPECTOR

283. El centro que habita en los márgenes.

284. El día nace blanco, pero cuando llega a la noche está todo cargado de palabras.

285. Lo verdadero es más importante que la verdad.

286. Miramos como si hicieramos tomas para alguna proyección interior.

287. Hacer del azar, azahares.

288. Perder el tiempo forma parte del método de trabajo.

289. La vida se llena de incomprensibles.

290. El amor es siempre un objeto encantado.

291. Los conceptos de las cosas se contradicen periódicamente.

292. Con lo que queda del día se puede hacer un fuego de palabras.

282. "A verdade é sempre um contato interior e inexplicável." CLARICE LISPECTOR

283. O centro que habita as margens.

284. O dia nasce branco, mas quando chega à noite está todo carregado de palavras.

285. O verdadeiro é mais importante que a verdade.

286. Olhamos como se fizéssemos tomadas para alguma projeção interior.

287. Fazer do acaso, acácias*.

288. Perder tempo é parte do método de trabalho.

289. A vida se enche de incompreensíveis.

290. O amor é sempre um objeto encantado.

291. Os conceitos das coisas se contradizem periodicamente.

292. Com o que sobra do dia se pode fazer uma fogueira de palavras.

* A palavra "azar" (que em espanhol significa "acaso", e não necessariamente "má sorte") vem do árabe *az-zahar* ou *az-zahr*, que pode querer dizer "flor" ou "dado"; é a mesma "raiz" de "azahar", que em espanhol indica a flor branca que dão certas árvores cítricas; sendo impossível preservar essa afinidade etimológica na tradução, procurou-se resgatar ao menos a proximidade sonora dos termos (N. do T.).

293. El olvido, ese desván.

294. Cuando los espíritus se abren, los cuerpos tiemblan.

295. Se trata de encontrar una belleza que no necesite ser revelada.

296. A la realidad no le sienta bien que la llamen por otro nombre.

297. Poner las cosas en el lugar de las palabras.

298. En el fondo, lo que un aforismo más odia es convertirse en cita.

299. Un aforismo ama la soledad de sus palabras.

300. La fidelidad siempre sospecha de la lealtad.

301. El tesoro de las imágenes.

302. Pensar sin palabras.

303. Cada persona tiene su propia *coda*.

304. El amor es un sistema de adoración.

305. Las piedras acompañan nuestro sentimiento del tiempo.

306. "Cuando basta un solo violín, no emplear dos."
    ROBERT BRESSON

293. O esquecimento, esse quarto de despejo.

294. Quando os espíritos se abrem, os corpos tremem.

295. Trata-se de encontrar uma beleza que não precise ser revelada.

296. À realidade não lhe cai bem que a chamem por outro nome.

297. Pôr as coisas no lugar das palavras.

298. No fundo, o que um aforismo mais odeia é converter-se em citação.

299. Um aforismo ama a solidão de suas palavras.

300. A fidelidade sempre suspeita da lealdade.

301. O tesouro das imagens.

302. Pensar sem palavras.

303. Cada pessoa tem sua própria *coda*.

304. O amor é um sistema de adoração.

305. As pedras acompanham nosso sentimento do tempo.

306. "Quando basta um só violino, não usar dois."
Robert Bresson

307. Una palabra en forma de llave.

308. Inscripciones para un nombre.

309. La realidad siempre tiembla en el aire.

310. Toda vela es una mezcla de ascetismo y sensualidad.

311. Un tratado sobre la cabeza de un clavo.

312. Dios debería ser el primer preocupado en su existencia.

313. Hay que buscar el equilibrio de la belleza con la no belleza.

314. Un amor que pueda ser visto antes de llegar.

315. Cada temporal como un pequeño ensayo del fin del mundo.

316. "Odiemos las máximas: la vida es ondulación y contradicción, no síntesis." STENDHAL

317. Ideas como semillas, como nubes.

318. ¿Todo lo que tiene fe es caliente?

319. "El pánico es muchas veces necesario para llegar a la organización [...]." MURILO MENDES

307. Uma palavra em forma de chave.

308. Inscrições para um nome.

309. A realidade sempre treme no ar.

310. Toda vela é misto de ascetismo e sensualidade.

311. Um tratado sobre a cabeça de um prego.

312. Deus devia ser o primeiro a se preocupar com a sua existência.

313. É preciso buscar o equilíbrio da beleza com a não-beleza.

314. Um amor que possa ser visto antes de chegar.

315. Cada temporal como um pequeno ensaio do fim do mundo.

316. "Odiemos as máximas: a vida é ondulação e contradição, e não síntese." STENDHAL

317. Idéias como sementes, como nuvens.

318. Tudo o que tem fé é quente?

319. "O pânico é muitas vezes necessário para chegar à organização." MURILO MENDES

320. Toda tarjeta de visita es un epitafio, como Ramón dijo aunque al revés.

321. Las letras lo más apretadas posibles y el pensamiento libre.

322. ¿El amor es hacerse cargo de un cuerpo o de una alma?

323. La poesía "es un alma inaugurando una forma" decía Pierre-Jean Jouve.

324. La fotografía, como la poesía, es una forma de concentración.

325. Conseguir hacer de un aforismo una forma de ensayo.

326. Los viejos tienen la memoria siempre abierta.

327. Un aforismo es siempre una enmienda a la totalidad.

328. ¿El tiempo que le falta a la velocidad, es el mismo que le sobra a la lentitud?.

329. La greguería: una mínima-máxima.

320. Todo cartão de visita é um epitáfio, como disse Ramón, só que ao contrário.

321. As letras o mais apertadas possível e o pensamento livre.

322. O amor é encarregar-se de um corpo ou de uma alma?

323. A poesia "é uma alma inaugurando uma forma", dizia Pierre-Jean Jouve.

324. A fotografia, como a poesia, é uma forma de concentração.

325. Conseguir fazer de um aforismo uma forma de ensaio.

326. Os velhos têm a memória sempre aberta.

327. Um aforismo é sempre uma emenda à totalidade.

328. O tempo que falta à velocidade é o mesmo que sobra à lentidão?

329. A *greguería*: uma mínima-máxima★.

★ *Greguería*: literalmente, "vozerio confuso e indistinto"; nome dado pelo escritor vanguardista madrilenho Ramón Gómez de la Serna (1888-1963) ao gênero particular de anotação breve e aguda que criou na década de 1910; Ramón definia as *greguerías* como "apenas exclamações fatais das coisas e da alma tropeçando entre si por puro acaso", ou através da fórmula: "Metáfora + Humor = Greguería" (N. do T.).

330. La brevería, un invento de Cristóbal Serra.

331. La fábula de la experiencia es que ella corre siempre menos que nosotros.

332. Cada hora sueña con su propio infinito.

333. La idea del suicidio como una página en blanco.

334. La publicidad confunde las partes con el todo.

335. La sensación de que vivir es un lujo asiático.

336. Para las lágrimas, las nubes continúan pasando.

337. ¡Un libro, una obra, hecha solo de telegramas!

338. El infinito que hay en el agua corriendo.

339. Encontrar el tamaño adecuado a cada soledad.

340. Un ruido en la noche es un imán.

341. Nada tan fuerte como el tic-tac de lo oscuro.

342. El tic-tac de los muertos.

343. Escribir sobre el blanco del día, con la punta de la noche.

330. A *brevería**: uma invenção de Cristóbal Serra.

331. A fábula da experiência é que ela corre sempre menos do que nós.

332. Toda hora sonha com seu próprio infinito.

333. A idéia do suicídio como uma página em branco.

334. A publicidade confunde as partes com o todo.

335. A sensação de que viver é um luxo asiático.

336. Para as lágrimas, as nuvens continuam passando.

337. Um livro, uma obra toda feita de telegramas!

338. O infinito que existe na água corrente.

339. Encontrar o tamanho adequado a cada solidão.

340. Um ruído na noite é um ímã.

341. Nada tão forte quanto o tic-tac do escuro.

342. O tic-tac dos mortos.

343. Escrever sobre o branco do dia, com a ponta da noite.

---

* *Brevería*: literalmente, nota de jornal breve e em geral bem-humorada ou sarcástica (N. do T.).

344. Cualquier letra es una máscara.

345. El vidrio separa a la realidad de sí misma.

346. Antes de ver una imagem, ¡agítese!

347. Los ojos como dedicatoria.

348. El olvido, ese lugar donde la memoria descansa.

349. Sentimientos habitados por paisajes.

350. "Buscar las palabras primas." Marcel Duchamp

351. Cuidar las imágenes como si fuesen plantas.

352. Cualquier felicidad es lo más parecido a una simiente.

353. El amor es el sexo por dentro.

354. Tan peligroso es cegarse con lo que falta como con lo que sobra.

355. El tatuaje de las miradas.

356. Los ladridos de los perros en la noche del más allá.

357. ¿La muerte como dispersión o como concentración?

358. Los espejos oscuros de la noche.

344. Toda letra é uma máscara.

345. O vidro separa a realidade de si mesma.

346. Antes de ver uma imagem, agite-a!

347. Os olhos como dedicatória.

348. O esquecimento, esse lugar onde a memória descansa.

349. Sentimentos habitados por paisagens.

350. "Buscar as palavras primas." Marcel Duchamp

351. Cuidar das imagens como se fossem plantas.

352. Qualquer felicidade é o que há de mais parecido com uma semente.

353. O amor é o sexo por dentro.

354. É tão perigoso cegar-se com o que falta quanto com o que sobra.

355. A tatuagem dos olhares.

356. Os latidos dos cães nas noites do para além.

357. A morte como dispersão ou como concentração?

358. Os espelhos escuros da noite.

359. El silencio recoje todo.

360. "Ninguna frase es dueña de sí misma."
 Herberto Helder

361. El viento del tiempo es la memoria.

362. Alambres de pensamientos como esculturas.

363. La vida es lo más parecido a una utopía.

364. La resaca del mar en las ciudades del interior.

365. Un sí tan afilado que parece un no.

366. El más largo viaje comienza cuando el alma descubre el cuerpo.

367. Las hormigas paseando por sus Mondrians.

368. "Hay una duda que pertenece a la claridad."
 Waltercio Caldas

369. Inscripciones en el muro como graffitis del pensamiento.

370. El ser como única propiedad.

371. "Hay días en que me he salido de la vida."
 Ramón Gómez de la Serna

359. O silêncio recolhe tudo.

360. "Nenhuma frase é dona de si mesma."
     HERBERTO HELDER

361. O vento do tempo é a memória.

362. Arames de pensamentos como esculturas.

363. A vida é o que há de mais parecido com uma utopia.

364. A ressaca do mar nas cidades do interior.

365. Um sim tão afiado que parece um não.

366. A viagem mais longa começa quando a alma descobre o corpo.

367. As formigas passeando por seus mondrians.

368. "Há uma dúvida que pertence à claridade."
     WALTERCIO CALDAS

369. Inscrições no muro como grafites do pensamento.

370. O ser como única propriedade.

371. "Há dias em que saio da vida."
     RAMÓN GÓMEZ DE LA SERNA

372. Un martillo que recuerda.

373. Dedicar más tiempo a las articulaciones, a las intersecciones, a los cruces de las cosas.

374. Las encarnaciones sublimes de un día corriente.

375. Cada viaje es una edad.

376. Todos los ojos de la noche rezan por la oscuridad.

377. El delirio de ser hombre estampado en el rostro.

378. "Ningún instante en el que no me asombre de encontrarme precisamente en él." E. M. Cioran

379. "El yo es químico." Jean Rostand

380. La historia de un fragmento que equivalga a la búsqueda del tiempo perdido.

381. "Lo inexpresable es lo que cuenta." Max Jacob

382. El corazón, ¡oh danza!

383. Un diván que cruje cuando alguien habla.

384. Nuestros años dan la vuelta alrededor del sol.

385. Despertar es nombrar el mundo.

372. Um martelo que se recorda.

373. Dedicar mais tempo às articulações, às interseções, aos cruzamentos das coisas.

374. As encarnações sublimes de um dia comum.

375. Cada viagem é uma idade.

376. Todos os olhos da noite rezam por escuridão.

377. O delírio de ser homem estampado no rosto.

378. "Não há nenhum instante em que eu não me espante de me encontrar nele." E. M. CIORAN

379. "O eu é químico." JEAN ROSTAND

380. A história de um fragmento que seja equivalente à busca do tempo perdido.

381. "O inexprimível é o que conta." MAX JACOB

382. O coracão, oh dança!

383. Um divã que range quando alguém fala.

384. Nossos anos dão a volta ao redor do sol.

385. Despertar é nomear o mundo.

386. Un día ya es un estado de gobierno.

387. La importancia de las palabras a la hora de vestirse.

388. La idea de Swedenberg de que el Juicio Final fue el 9 de enero de 1757 significa que vivimos como condenados o como salvados.

389. Una manecilla es la pureza del tiempo, el resto es el reloj.

390. "Una parte de nuestro ser, la verdadera, es invisible como el aire que agita las ramas."
   TEIXEIRA DE PASCOÃES

391. ¿La pobreza es un sistema de meditación?

392. Las grandes pruebas son cuando el alma y el cuerpo coinciden.

393. Antes de llegar un pensamiento suele llegar su perfume.

394. La mejor definición es aquella que se sustenta en el aire.

395. El verdadero sueño de una mirada es el robo de la imagen.

396. Las sombras numeradas de un parque.

386. Um dia já é um estado de governo.

387. A importância das palavras na hora de se vestir.

388. A idéia de Swedenborg de que o Juízo Final caiu em 9 de janeiro de 1757 significa que vivemos como condenados ou salvos.

389. Um ponteiro é a pureza do tempo, o resto é o relógio.

390. "Uma parte do nosso ser, a verdadeira, é invisível como o ar que agita os ramos."
TEIXEIRA DE PASCOAES

391. A pobreza é um sistema de meditação?

392. As grandes provas se dão quando a alma e o corpo coincidem.

393. Antes de um pensamento chegar costuma chegar o perfume dele.

394. A melhor definição é aquela que se sustenta no ar.

395. O verdadeiro sonho de um olhar é o roubo da imagem.

396. As sombras numeradas de um parque.

397. El dinero siempre bendice, tenía razón Góngora.

398. En algunas culturas el dinero es totem y tabú al mismo tiempo.

399. "El estado en que vivimos es el verdadero apocalipsis: el apocalipsis estable." Karl Krauss

400. Ahora las personas pueden matarse por 10 minutos.

401. La ruina del tiempo reconocida en una piedra que despierta.

402. Descubrir la relación de parentesco entre un miércoles y un jueves.

403. Un hipocondriaco son muchas vidas vencidas.

404. La excesiva educación produce gases.

405. Extiende los poemas como si fuese un mantel donde poner las cosas.

406. Muchos poemas-objeto de Joan Brossa son aforismos visuales.

407. Era una ciudad tan bella que sus habitantes parecían estar borrachos.

408. "El hombre contra el hombre, a diez asaltos. ¿Quién quiere apostar?" Juan José Arreola

397. O dinheiro sempre abençoa, Góngora tinha razão.

398. Em certas culturas o dinheiro é totem e tabu ao mesmo tempo.

399. "O estado em que vivemos é o verdadeiro apocalipse: o apocalipse estável." Karl Krauss

400. Agora as pessoas podem se matar por dez minutos.

401. A ruína do tempo reconhecida numa pedra que acorda.

402. Descobrir a relação de parentesco entre uma quarta e uma quinta.

403. Um hipocondríaco são muitas vidas vencidas.

404. A educação em excesso produz gases.

405. Estende os poemas como se fossem uma toalha para pôr as coisas.

406. Muitos poemas-objetos de Joan Brossa são aforismos visuais.

407. Era uma cidade tão bonita que seus habitantes pareciam embriagados.

408. "O homem contra o homem, em dez assaltos. Quem quer apostar?" Juan José Arreola

409. Una democracia a la que le falta el mango, pero no la hoja.

410. Falta una ley sólo para sus ojos.

411. Nuestro mayor sueño: ser caníbales con el tiempo.

412. La prosa está llena de supersticiones poéticas.

413. "Ambigüedad, acércate." HERÁCLITO

414. Para tener corazón hay que tener estómago.

415. Un dolor que es pura geometría.

416. "Franquear el obstáculo, la lógica. La lógica que preserva, gracias a la cual somos preservados." EDMOND JABÉS

417. La manía del concepto está acabando con las ideas. Las ideas con el pensamiento.

418. Una razón que come a las otras.

419. ¿Y si nuestra cordura fuese una sátira?

420. Lo desconocido es nuestra primera piel.

421. ¡Tener el alma asegurada de incendios!

409. Uma democracia à qual falta o cabo, mas não a lâmina.

410. Falta uma lei só para seus olhos.

411. Nosso maior sonho: ser canibais com o tempo.

412. A prosa está cheia de superstições poéticas.

413. "Ambigüidade, aproxima-te." HERÁCLITO

414. Para ter coração é preciso ter estômago.

415. Uma dor que é pura geometria.

416. "Franquear o obstáculo, a lógica. A lógica que preserva, graças à qual somos preservados."
EDMOND JABÈS

417. A mania do conceito está acabando com as idéias. As idéias com o pensamento.

418. Uma razão que come as outras.

419. E se a nossa cordura fosse uma sátira?

420. O desconhecido é a nossa primeira pele.

421. Ter a alma assegurada contra incêndios!*

---

* Em Madrid, muitas casas antigas mostram na porta a inscrição: "Asegurada de incendios" – o que remete à velha lenda de que a cidade se situava dentro de um cerco de fogo (N. do T.).

422. Alejarnos de nosotros mismos como un ejército y acercanos como un soldado.

423. Se cambian las escaleras pero no los peldaños.

424. Un cielo para cada cabeza.

425. Escucho el péndulo entre las palabras y los objetos.

426. La vida ocupa la mitad del cielo.

427. Cada persona alcanza un grado distinto de realidad.

428. Un epicentro para cada uno y un terremoto para todos.

429. El tiempo es más rápido que las cosas, pero más lento que la vida.

430. La ciudad cambió pero las nubes siguen siendo las mismas. MADRID

431. El diccionario como diario.

432. El viajero que cambia de país para no aburguesarse en el espacio.

433. "Hacerse espacio para desplegar las alas."
JOSEPH JOUVERT

422. Nos afastarmos de nós mesmos como um exército, e nos aproximarmos como um soldado.

423. Mudam as escadas, mas não os degraus.

424. Um céu para cada cabeça.

425. Escuto o pêndulo entre as palavras e os objetos.

426. A vida ocupa metade do céu.

427. Cada pessoa atinge um grau diferente de realidade.

428. Um epicentro para cada um e um terremoto para todos.

429. O tempo é mais rápido do que as coisas, porém mais lento do que a vida.

430. A cidade mudou, mas as nuvens continuam as mesmas. MADRID

431. O dicionário como diário.

432. O viajante que muda de país para não se aburguesar no espaço.

433. "Criar espaço para abrir as asas."
JOSEPH JOUVERT

434. Una línea para Joubert: un año construido sobre dos únicos aforismos.

435. ¿El dinero es un medicamento que se independizó de la enfermedad?

436. El aforismo francés tiene más respuestas que el alemán pero menos preguntas.

437. Un dolor siempre hace la guerra por su cuenta.

438. Dormir es importarse con el más allá.

439. Cada día es un bestiario.

440. Aprender a morir es aprender a estar quieto.

441. Las cuentas rasas de los espejos, con nuestras apariciones y desapariciones.

442. En la habitación Dada había una dentadura en el lugar del sexo.

443. El insomnio es un fantasma.

444. Para vivir se necesita actitud, para morir postura.

445. La razón a veces huele como el queso.

446. Una filosofía agujereada por el viento, como soñaba Niezstche.

434. Uma linha para Joubert: um ano construído sobre dois únicos aforismos.

435. O dinheiro é um remédio que se tornou independente da doença?

436. O aforismo francês tem mais respostas que o alemão, mas menos perguntas.

437. Uma dor sempre faz a guerra por conta própria.

438. Dormir é importar-se com o para além.

439. Todo dia é um bestiário.

440. Aprender a morrer é aprender a ficar quieto.

441. As contas quites dos espelhos, com nossas aparições e desaparições.

442. Na sala Dadá tinha uma dentadura no lugar do sexo.

443. A insônia é um fantasma.

444. Para viver é necessário atitude; para morrer, postura.

445. A razão às vezes cheira como o queijo.

446. Uma filosofia esburacada pelo vento, como sonhava Nietzsche.

447. Contra el fuego más viejo de la noche, las lámparas más nuevas.

448. El error es como uma lengua extranjera.

449. Pensamientos cubistas.

450. "Anticosas." Título de una pintura de Luis Gordillo, de 1995

451. Hay animales domésticos que se molestan con nuestras conversaciones.

452. Gran parte de nuestros ultimos sueños ahora están en poder de los bancos.

453. "La angustia crea el símbolo." Agustina Bessa-Luis

454. Un lugar tan nuevo que cualquier cosa es noticia.

455. La eternidad vive de las rentas del tiempo.

456. El tiempo es aquella eternidad que un día comenzó a andar.

457. El Gran Juicio Final atascado por innumerables pequeños juicios.

458. Hay momentos en que la eternidad se cruza con el tiempo en plena calle pero no se reconocen.

447. Contra o fogo mais velho da noite, as luminárias mais novas.

448. O erro é como uma língua estrangeira.

449. Pensamentos cubistas.

450. "Anticoisas." Título de uma pintura de 1995, de Luis Gordillo

451. Existem animais domésticos que se incomodam com nossas conversas.

452. Grande parte dos nossos últimos sonhos agora está em poder dos bancos.

453. "A angústia cria o símbolo." Agustina Bessa-Luis

454. Um lugar tão novo que qualquer coisa é notícia.

455. A eternidade vive das rendas do tempo.

456. O tempo é aquela eternidade que um dia começou a andar.

457. O Grande Juízo Final abarrotado de inúmeros pequenos juízos.

458. Há momentos em que a eternidade e o tempo se cruzam em plena rua mas não se reconhecem.

459. Un lápiz que escribe siguiendo a su sombra.

460. La primera materia prima obligatoria es la nada.

461. Mantener una vida al corriente es escuchar el ruido diario de las venas.

462. La música nos devuelve al silencio de callarnos.

463. Una caja llamada soledad.

464. En algunos cultos, Dios se ha refugiado en las bombillas.

465. Cada x tiempo el alma se tiene que ajustar al cuerpo.

466. Hay dos interpretaciones del mundo derivadas de la posición horizontal y de la posición vertical.

467. El mayor deseo de la lógica es abandonarse.

468. Despierta como si fuese el último día y se acuesta como si fuese el primero.

469. La conversación soterrada que mantienen los pies.

470. El usurero quiere su religión para él solo.

471. El poeta es un filósofo que olvida, para poder volver a mirar.

459. Um lápis que escreve seguindo sua sombra.

460. A primeira matéria-prima indispensável é o nada.

461. Manter a vida em dia é ouvir a corrente diária das veias.

462. A música nos devolve ao silêncio de nos calarmos.

463. Uma caixa que se chama solidão.

464. Em alguns cultos, Deus se refugiou nas lâmpadas.

465. De tempos em tempos a alma precisa ajustar-se ao corpo.

466. Há duas interpretações do mundo, derivadas uma da posição horizontal e outra da posição vertical.

467. O maior desejo da lógica é abandonar-se.

468. Acorda como se fosse o último dia e se deita como se fosse o primeiro.

469. A conversa soterrada que os pés mantêm.

470. O usurário quer sua religião só para ele.

471. O poeta é um filósofo que esquece, para poder olhar de novo.

472. La muerte podría ser un ejercicio de lentitud: cada vez más despacio, más despacio, hasta parar.

473. El oráculo en crecimiento de Kafka.

474. Un espejo que produce espejismos.

475. Un dolor que se ha perdido, que no pertenece a nadie.

476. La búsqueda de palabras que representen al silencio.

477. "Goza lo concreto sabiéndolo abstracto."
AGOSTINHO DA SILVA

478. Los días, esa caravana que atraviesa el desierto.

479. El amor es ciego pero nos ve.

480. En el fondo de cualquier sustancia está el vacío.

481. Las zebras y los tigres parecen recién pintados.

482. El autoritarismo se mide por el número de órdenes innecesarias.

483. Ver dentro de las palabras lo que está fuera de ellas.

484. La muerte es el último anillo al dedo.

472. A morte podia ser um exercício de lentidão: cada vez mais devagar, devagar, até parar.

473. O oráculo em crescimento de Kafka.

474. Um espelho que espelha miragens.

475. Uma dor que se perdeu, que não pertence a ninguém.

476. A busca de palavras que representem o silêncio.

477. "Goza do concreto sabendo-o abstrato."
AGOSTINHO DA SILVA

478. Os dias, essa caravana que atravessa o deserto.

479. O amor é cego mas nos vê.

480. No fundo de qualquer substância está o vazio.

481. As zebras e os tigres parecem recém-pintados.

482. O autoritarismo se mede pelo número de ordens desnecessárias.

483. Ver dentro das palavras o que está fora delas.

484. A morte é o último anel no dedo.

485. Los vivos tienen la responsabilidad de los muertos.

486. El presente es el único absoluto.

487. ¡La carnicería a veces es tan transparente que es invisible!

488. La verdadera soledad no hace ruido.

489. Para un aforismo el peligro mayor está en la escayola.

490. Hacer del vacío un recipiente.

491. Algunas cosas no tienen espaldas.

492. Todo lo que tengo soy, pero no al contrario.

493. La perplejidad como fuente de oro.

494. Un recuerdo que se ha convertido en tigre.

495. El gerundio une el presente con el futuro.

496. Lo profundo no descansa, sólo duerme.

497. A veces hay que rematar a la muerte.

498. Hay una parte de la realidad que tiene que ser devuelta diariamente.

485. Os vivos têm a responsabilidade pelos mortos.

486. O presente é o único absoluto.

487. A carniçaria é às vezes tão transparente que é invisível!

488. A verdadeira solidão não faz barulho.

489. O maior perigo para um aforismo é o gesso.

490. Fazer do vazio um recipiente.

491. Certas coisas não têm as costas.

492. Tudo o que tenho sou, mas não o contrário.

493. A perplexidade como fonte de ouro.

494. Uma recordação que se transformou em tigre.

495. O gerúndio une o presente com o futuro.

496. O que é profundo não descansa, só dorme.

497. Às vezes é preciso rematar a morte.

498. Há uma parte da realidade que deve ser devolvida diariamente.

499. ¡La vida es puro significante!

500. El Domingo es el día dedicado a los símbolos.

501. "La vida contra la vida." ORIDES FONTELA

502. El cuerpo de un hipocondríaco está lleno de ex-votos.

503. Un ejercito de hormigas con tambores.

504. Los dedos del pié nos recuerdan a nuestros antepasados más lejanos.

505. Una página donde las minúsculas han conseguido libertarse del dominio de la caja alta.

506. El hombre es el único ser que se disfraza de otros animales.

507. Números romanos para esconder el tiempo.

508. Las cicatrizes transparentes de los espejos.

509. Cada uno tiene su apocalipsis en el bolsillo.

510. Un tercio de nuestra vida se gasta en llevar cosas de un lado a otro.

511. Encuentra dolores que no son de él, pero que se le parecen.

499. A vida é puro significante!

500. O domingo é o dia dedicado aos símbolos.

501. "A vida contra a vida." ORIDES FONTELA

502. O corpo de um hipocondríaco está cheio de ex-votos.

503. Um exército de formigas com tambores.

504. Os dedos do pé nos lembram nossos antepassados mais longínquos.

505. Uma página na qual as minúsculas tenham conseguido se libertar do jugo da caixa alta.

506. O homem é o único ser que se disfarça de outros animais.

507. Números romanos para esconder o tempo.

508. As cicatrizes transparentes dos espelhos.

509. Cada um tem seu apocalipse no bolso.

510. Um terço da nossa vida se gasta levando coisas de um lado para outro.

511. Encontra dores que não são dele, mas se parecem.

512. Una diferencia: Dios entra y sale de este mundo cuando quiere.

513. Tardó años y años en construir un pasaje secreto entre el corazón y la cabeza.

514. Un aforismo se compone de cabeza y extemidades. El tronco queda para otros géneros.

515. Apuntes para un aforismo.

516. Usa la verdad para regar las plantas.

517. El amor vive de desaparecer.

518. Un perro que sólo muerde a su dueño.

519. Cada día va haciendo su ovillo de sombra para la noche.

520. Hacer un diccionario de clavos.

521. La tarde es la elegía del día.

522. Una cicatriz que no recuerda.

523. ¡Cuántas veces nuestro nombre es el propio exilio!

524. Los gallos se retrasan, pero las cigarras no.

512. Uma diferença: Deus entra e sai deste mundo quando quer.

513. Demorou anos e anos para construir uma passagem secreta entre o coração e a cabeça.

514. Um aforismo se compõe de cabeça e extremidades. O tronco fica para outros gêneros.

515. Notas para um aforismo.

516. Usa a verdade para regar as plantas.

517. O amor vive de desaparecer.

518. Um cachorro que só morde o dono.

519. Cada dia vai fazendo seu novelo de sombra para a noite.

520. Fazer um dicionário de pregos.

521. A tarde é a elegia do dia.

522. Uma cicatriz que não recorda.

523. Quantas vezes nosso nome é o próprio exílio!

524. Os galos se atrasam, mas as cigarras não.

525. Desarmamos las utopías y ahora no las sabemos montar.

526. La soledad es un gran familia.

527. Mi corazón toca en las siete puntas de tu cuerpo.

528. Hay palabras que son mitad verdad y mitad mentira.

529. Una cabeza en forma de dedo.

530. Los mosquitos siempre vuelven al lugar del crimen.

531. Respirar es dialogar con el aire.

532. Cientos de pasos para atravesar el día.

533. Entre el pasado y el futuro, el presente equilibrista.

534. Las luces de la noche traducidas en sombras durante el día.

535. Vivir acelera la vida.

536. El último salto de la noche es al vacío.

537. El gallo relampaguea su canto.

538. Un ruido distinto para cada misterio que nace.

525. Desarmamos as utopias e agora não sabemos montá-las.

526. A solidão é uma grande família.

527. Meu coração toca as sete pontas do seu corpo.

528. Existem palavras que são metade verdade, metade mentira.

529. Uma cabeça em forma de dedo.

530. Os mosquitos sempre voltam ao local do crime.

531. Respirar é dialogar com o ar.

532. Centenas de passos para atravessar o dia.

533. Entre o passado e o futuro, o presente equilibrista.

534. As luzes da noite traduzidas em sombras durante o dia.

535. Viver acelera a vida.

536. O último salto da noite é no vazio.

537. O galo relampagueia seu canto.

538. Um barulho diferente para cada mistério que nasce.

539. Durmiendo, la nada nada.

540. Un silencio a cuenta gotas.

541. Nubes oxidadas en cielos limpios.

542. Las ruinas protegen el vacío.

543. Desde los Ruysdael, la mayoría de las nubes son de fabricación holandesa.

544. Siempre se corre el peligro de convertir la vida en un lugar común.

545. La nada es un verdadero laboratorio.

546. El primer silencio llega hasta aquí, hasta éste.

547. El irónico es un afilador de palabras.

548. Un tiempo de segunda mano.

549. La estética depende sobre todo de los feos.

550. Una mosca para cada movimiento de ceja.
Para Augusto Monterroso

551. Las sierras lloran sus lágrimas puntiagudas.

552. Sólo hay dos grandes misterios: la realidad y el tiempo. El resto son operaciones combinatorias.

539. Dormindo, o nada nada.

540. Um silêncio a conta-gotas.

541. Nuvens oxidadas em céus limpos.

542. As ruínas protegem o vazio.

543. Desde os Ruysdael, a maioria das nuvens é de fabricação holandesa.

544. Sempre se corre o perigo de converter a vida em lugar-comum.

545. O nada é um verdadeiro laboratório.

546. O primeiro silêncio chega até aqui, até este.

547. O ironista é um amolador de palavras.

548. Um tempo de segunda mão.

549. A estética depende sobretudo dos feios.

550. Uma mosca para cada movimento de sobrancelha.
Para Augusto Monterroso

551. As serras choram suas lágrimas pontiagudas.

552. Só existem dois grandes mistérios: a realidade e o tempo. O resto são operações combinatórias.

553. ¡El sueño de escribir manuscritos con todos los dedos!

554. La pelucas sueñan con sus antepasados.

555. Lo obvio es la peor máscara del silencio.

556. Para viajar se necesita una aceleración del espacio.

557. La realidad no cambia, cambia la mesa sobre la que se escribe.

558. ¿El aire sería el interior del espacio?

559. Debo a la lluvia, por lo menos, la mitad de mis creencias.

560. Ideas blancas para el pelo negro. ¿Y ahora?

561. ¡Qué de viajes contenidos en las ventanas!

562. La verdad está rodeada de errores.

563. Vivir la distancia del reloj, el tiempo de las campanas.

564. Escaparates que miran a los transeuntes.

565. Deberíamos saber por lo menos la hora precisa de nuestra despedida, ya que el día no es tan necesario.

553. O sonho de escrever manuscritos com todos os dedos!

554. As perucas sonham com seus antepassados.

555. O óbvio é a pior máscara do silêncio.

556. Para viajar é preciso de uma aceleração do espaço.

557. A realidade não muda, muda a mesa sobre a qual se escreve.

558. O ar seria o interior do espaço?

559. Devo à chuva pelo menos metade das minhas crenças.

560. Idéias brancas para o cabelo preto. E agora?

561. Quantas viagens contidas nas janelas!

562. A verdade está cercada de erros.

563. Viver a distância do relógio, o tempo dos sinos.

564. Vitrines que olham os transeuntes.

565. Deveríamos saber pelo menos a hora precisa da nossa despedida, já que o dia não é tão necessário.

566. A la dictadura de la alegría corresponde la democracia de la tristeza.

567. Una meta: llegar atrasado a la muerte.

568. Todos los espejos guardan la resaca de las miradas.

569. Se sueña al ras del cielo.

570. Un suicida es alguien que adelanta el reloj más de la cuenta.

571. Las salidas del metro está siempre llenas de Lázaros.

572. La muerte sirve para dar cuerda a los relojes.

573. El espejo como diario.

574. En contra de las apariencias, un aforismo alarga el tiempo.

575. Una estación en la que desaparecen las personas, los pensamientos, las maletas, los relojes.

576. El ventilador escribe viento con X.

577. El ventilador medita en su proprio destino.

578. 21,00 h: las noticias boyando en el acuario de la t.v.

566. À ditadura da alegria corresponde a democracia da tristeza.

567. Uma meta: chegar atrasado à morte.

568. Todos os espelhos guardam a ressaca dos olhares.

569. Sonha-se rente ao céu.

570. Um suicida é alguém que adianta o relógio além da conta.

571. As saídas do metrô estão sempre cheias de Lázaros.

572. A morte serve para dar corda nos relógios.

573. O espelho como diário.

574. Contrariando as aparências, um aforismo alonga o tempo.

575. Uma estação na qual desapareçam as pessoas, os pensamentos, as malas, os relógios.

576. O ventilador escreve vento com X.

577. O ventilador medita sobre seu próprio destino.

578. 21h: as notícias boiando no aquário da TV.

579. Cuantas más orejas, más sordos.

580. Los animales del insomnio: los mosquitos, los gallos...

581. El talle del amor aclara las formas.

582. La vida se mete tan adentro que luego es difícil de sacarla.

583. El sueño de la Z es convertirse en A.

584. La H es la única letra transparente.

585. La LL es una L con sombra.

586. La R vive haciendo ruido.

587. La Z es la letra que más duerme.

588. El hipocondríaco vive de indultos.

589. No hay cerca más alta que la duda.

590. El día de los tontos, según Mark Twain, es el 4 de julio. (Pero en cada país tiene una fecha distinta.)

591. La imaginación está llena de maletas vacías.

592. Hasta el tiempo tiene sus garrapatas.

579. Quanto mais orelhas, mais surdos.

580. Os animais da insônia: os mosquitos, os galos...

581. A cintura do amor esclarece as formas.

582. A vida se mete tão por dentro que depois fica difícil retirá-la.

583. O sonho do Z é se transformar em A.

584. O H é a única letra transparente.

585. O LL é um L com sombra.

586. O R vive fazendo barulho.

587. O Z é a letra que mais dorme.

588. O hipocondríaco vive de indultos.

589. Não há cerca mais alta do que a dúvida.

590. O dia dos bobos, segundo Mark Twain, é o 4 de julho. (Mas em cada país tem uma data diferente.)

591. A imaginação está cheia de maletas vazias.

592. Até o tempo tem seus carrapatos.

593. La muerte vela por su vida.

594. La poesía es una pregunta en lo oscuro.

595. El espíritu tiene alma de contorsionista.

596. El amor es un neón que se ilumina por dentro de nosotros.

597. Sueño con una inscripción que se apaga y se enciende.

598. Una memoria que solo recuerda ruidos.

599. Leer a Calderón antes de que sea demasiado tarde.

600. 7 nubes religiosas atraviesan un cielo laico.

601. Lo real no suele coincidir con el nivel del mar.

602. El centro de gravedad del aforismo es hacia arriba.

603. Hay un cumpleaños que pertenece a la muerte.

604. Lo importante es tener una idea gráfica de la muerte.

605. Cada noche dormimos en el misterio.

606. La nada es hecha, precisamente, de todo.

607. "Alguien comparó la escritura japonesa con la lluvia." CARLOS EDMUNDO DE ORY

593. A morte vela pela própria vida.

594. A poesia é uma pergunta no escuro.

595. O espírito tem alma de contorcionista.

596. O amor é um néon que acende por dentro da gente.

597. Sonho com uma inscrição que apaga e acende.

598. Uma memória que só recorda ruídos.

599. Ler Calderón antes que seja tarde demais.

600. 7 nuvens religiosas atravessam um céu laico.

601. O real não costuma coincidir com o nível do mar.

602. O centro de gravidade do aforismo é para cima.

603. Há um aniversário que pertence à morte.

604. O que importa é ter uma idéia gráfica da morte.

605. Toda noite dormimos no mistério.

606. O nada é feito, precisamente, de tudo.

607. "Alguém comparou a escrita japonesa com a chuva." CARLOS EDMUNDO DE ORY

608. El dinero siempre se comporta como un ejercito.

609. La corbata es el objeto surrealista del cuello.

610. La euforia permanente del tiempo.

611. A veces usamos regla para cosas curvas.

612. El aforismo es un relámpago retrabajado.

613. La mejor forma de sometimiento es la venta de la envidia.

614. Bien que la Hipocondría merecería una estatua saludable.

615. La pasión del olvido por los paraguas.

616. Cualquier calendario es un poema visual.

617. Los sueños de consumo son todos *naive*.

618. Todos los días enterramos y desenterramos cosas.

619. La publicidad tiene el gusto de aumentar las letras, la voz…

620. Casi todos los peces miran de reojo.

621. El viento es un mensajero del tiempo.

608. O dinheiro sempre se comporta como um exército.

609. A gravata é o objeto surrealista do pescoço.

610. A euforia permanente do tempo.

611. Às vezes usamos régua para coisas curvas.

612. O aforismo é um relâmpago retrabalhado.

613. A melhor maneira de submeter é a venda da inveja.

614. Bem que a Hipocondria merecia uma estátua saudável.

615. A paixão do esquecimento pelos guarda-chuvas.

616. Todo calendário é um poema visual.

617. Os sonhos de consumo são todos *naive*.

618. Todo dia enterramos e desenterramos coisas.

619. A publicidade tem o gosto de aumentar as letras, o tom de voz...

620. Quase todos os peixes olham de esguelha.

621. O vento é um mensageiro do tempo.

622. Los plátanos tienen tendencia para las bromas.

623. En medio del mediodía, todo un año atravesado.

624. Las manecillas no paran de revolver en el magma del tiempo.

625. Toda belleza guarda un qué de melancolía.

626. El interior siempre atrae al exterior.

627. A veces las provisiones son sólo las luces.

628. Mariposas a la búsqueda de su Nabokov.

629. Hay um momento en que el tiempo llama a la muerte para cerrar la cuenta.

630. Todos los calendarios tienen ruedas.

631. Los ratones consiguen correr en varias direcciones a la vez.

632. Lo primero a habitar en una casa son los ruidos, después los silencios.

633. Un día solo es ya un estupendo collage.

634. Hay domingos que están disfrazados de lunes.

622. As bananas têm uma tendência para as brincadeiras.

623. No meio do meio-dia, todo um ano atravessado.

624. Os ponteiros não param de revolver no magma do tempo.

625. Toda beleza tem um quê de melancolia.

626. O interior sempre atrai o exterior.

627. Às vezes as provisões são apenas as luzes.

628. Borboletas em busca de seu Nabokov.

629. Chega um momento em que o tempo chama a morte para fechar a conta.

630. Todos os calendários têm rodas.

631. Os camundongos conseguem correr em várias direções de uma vez.

632. Primeiro quem habita uma casa são os ruídos, depois os silêncios.

633. Um dia só já é uma colagem estupenda.

634. Certos domingos se disfarçam de segunda.

635. El tiempo tiene que ver con el plomo que descubren los minutos

636. La memoria es un billete de ida y vuelta.

637. A veces el presente llama al pasado, pero él está ocupado.

638. Cada línea también es un epitafio.

639. El pasado vive por su cuenta, el presente no.

640. El peor salario es el miedo.

641. La ciudad amanece para un gallo invisible que aún canta.

642. La realidad está dentro de las cosas, no fuera.

643. El aforismo es un clavo que filosofa.

644. El silencio, ¡qué última palabra!

645. Hay siempre una puerta que dice sefiní.

646. La vida canibaliza el tiempo.

647. ¿Y si la vida fuese una anestesia?

648. Una arruga para cada proverbio.

635. O tempo tem a ver com o chumbo descoberto pelos minutos.

636. A memória é uma passagem de ida e volta.

637. Às vezes o presente liga para o passado, mas dá ocupado.

638. Toda linha é também um epitáfio.

639. O passado vive por conta própria, o presente não.

640. O pior salário é o medo.

641. A cidade amanhece para um galo invisível que ainda canta.

642. A realidade está dentro das coisas, não fora.

643. O aforismo é um prego que filosofa.

644. O silêncio, que última palavra!

645. Há sempre uma porta dizendo zefiní.

646. A vida canibaliza o tempo.

647. E se a vida fosse uma anestesia?

648. Uma ruga para cada provérbio.

649. "Todas las palabras son demasiado largas."
 JAMES LEE BYARS

650. En la retaguardia del cuerpo como mínimo dos almas.

651. La gran sombra es la muerte, y todos tenemos una.

652. La sombra es nuestro camaleón.

653. Los años se escriben en el espejo.

654. Escrito en otro espejo: s/fecha.

655. Hoy la marea de la realidad subió 9 centímetros.

656. Nuestras manos ven la llegada de las gitanas.

657. Husmea un aforismo perdido dentro de otro.

658. El tiempo siempre está apuntándonos.

659. El sueño del viento continúa en los cabellos.

660. Lengua de otra sed.

Madrid, 1980, Río de Janeiro, 2002

★★★★★★

649. "Todas as palavras são longas demais."
JAMES LEE BYARS

650. Na retaguarda do corpo, no mínimo duas almas.

651. A grande sombra é a morte, e todos nós temos uma.

652. A sombra é o nosso camaleão.

653. Os anos são escritos no espelho.

654. Escrito em outro espelho: s/data.

655. Hoje a maré da realidade subiu 9 centímetros.

656. Nossas mãos vêem a chegada das ciganas.

657. Fareja um aforismo perdido dentro de outro.

658. O tempo está sempre apontando para nós.

659. O sonho do vento continua nos cabelos.

660. Língua de outra sede.

Madrid, 1980; Rio de Janeiro, 2002

★★★★★★

Alguns aforismos apareceram de forma dispersa nas seguintes publicações

"9 Inscripciones para AMEN", *Revista AMEN*, 37-38, Madrid, novembro 1996.

"Inscrições", *Boletim da Bienal Internacional de Poesia de Belo Horizonte*, Belo Horizonte, 1998.

"Inscripciones", *Revista AMEN*, 44, Madrid, junho 1999.

"34 Inscrições num Biombo" (edição e tradução de Sérgio Alcides), São Paulo, Edições Quem Mandou?, junho 2001.

"Palabras en forma de llave" – Aforística (introdução e seleção de José Ángel Cilleruelo), *Revista El Ciervo*, n. 598, Barcelona, janeiro 2001.

Pedras Pensadas (trad. Sérgio Alcides), *revista de literatura doc.*, 2, Rio de Janeiro, 2002.

Pedras Pensadas (trad. Sérgio Alcides), *Sibila*, n. 3, São Paulo, Ateliê Editorial, novembro 2002.

A primeira edição em livro, *Inscripciones* (Madrid, Coda, 1999), continha 425 aforismos, mantidos fielmente, salvo escassas exceções. *Pedras Pensadas* se vê incrementado com novos textos que abrangem o período de 1999-2002.

Meus agradecimentos especiais a

Waltercio Caldas, Antonio Cicero, Manuel da Costa Pinto e Sérgio Alcides, aqui.

A Cristóbal Serra, José Ángel Cilleruelo e Marga Azcárate, lá.

Título	Pedras Pensadas
Autora	Adolfo Montejo Navas
Tradutor	Sérgio Alcides
Projeto Gráfico e Capa	Plinio Martins Filho
Ilustração da Capa	Waltercio Caldas
Editoração Eletrônica	Aline Sato
	Amanda E. de Almeida
Revisão	Plinio Martins Filho
Formato	13,5 x 21 cm
Tipologia	Bembo
Papel de Miolo	Pólen Rustic Areia 120 g
Papel de Capa	Papelão Reciclado
Impressão e Acabamento	Lis Gráfica
Número de Páginas	128